AF417645

Crescendo!

Jose Young

1ª edição: 2/83 - Espanhol
1º edição: 10/06 - Português

ISBN: 978-987-1219-12-4

Tradução: Manoel Vicente Valentim Neto
Capa: Ana Ruth Santacruz

Ediciones
Crecimiento
Cristiano

"Más que enseñar, te ayudamos a aprender"

Córdoba 419 - Villa Nueva - Cba. - Argentina
+54 9 353 491-2450
+54 9 353 481-0724
oficina@edicionescc.com
www.edicionescc.com
Ediciones Crecimiento Cristiano
edicionescc

Índice de temas

Nota: Este estudo não depende de nenhuma versão de Bíblia em particular. A Bíblia que você tem lhe servirá para fazer as lições. Contudo, se pode conseguir outra versão (a Nova Versão Internacional, ou a Bíblia de Jerusalém) recomendamos que leia as passagens em ambas, para que lhe sejam mais claros.

Introdução

O *apóstolo Paulo escreveu*:

Portanto, assim como vocês receberam Cristo Jesus, o Senhor, continuem a viver nele, enraizados e edificados nele, firmados na fé, como foram ensinados...

(Colossenses 2:6-7)

Você já recebeu o Senhor, nasceu de novo e o Espírito Santo habita em sua vida.

Deus quer agora que você tenha raízes bem profundas em sua Palavra; que comece a edificar sua nova vida sobre o fundamento que é Jesus Cristo; que aprenda a andar em seu viver diário com a ajuda Dele. Em poucas palavras: que cresça.

Este caderno tem como propósito lhe ajudar a dar os primeiros passos em sua vida cristã. Propõe ajudá-lo a reconhecer alguns dos aspectos vitais dessa nova vida em Cristo, e estimulá-lo a aplicá-los em sua maneira de ser.

1

Nova vida em Cristo

Embora o passo inicial de seguir a Cristo é em si mesmo muito singelo, tem fortes implicações para a vida. Há muitas maneiras de descrever esse primeiro passo, como por exemplo: entregar sua vida a Cristo; confiar sua vida a Cristo; receber a Cristo; etc. Entretanto, todas são diferentes maneiras de descrever a mesma resposta positiva à mensagem do evangelho. Quer dizer "sim" às ofertas e convites de Deus.

Mas repetimos, se esse "sim" a Deus é verdadeiro, isso muda toda nossa vida. O apóstolo Paulo escreveu:

Portanto, se alguém está em Cristo, é nova criação. As coisas antigas já passaram; eis que surgiram coisas novas!

(2 Corintios 5:17)

Em que aspectos é nova nossa vida? Sugerimos cinco e vamos procurar três passagens da Bíblia que nos explicam o contraste entre a vida velha e a nova. Em primeiro lugar possuímos:

A – Uma nova relação com Deus

Vemos esta nova relação em Romanos 5:6-11. Quer dizer, no livro de Romanos (ver o índice de sua Bíblia ou Novo Testamento), o capítulo cinco, e os versículos seis a onze. Sempre nós vamos nos referir às passagens bíblicas usando esta expressão.

Leia estes versículos, pelo menos duas vezes, e se for possível, em mais de uma versão da Bíblia, para assim ver claramente o que ensinam.

1 Sua primeira tarefa, então, é procurar estes versículos (Romanos 5:6-11) para encontrar como era nossa relação com Deus antes de conhecer Cristo. Anote neste espaço os diversos aspectos que a passagem menciona.

2 Da mesma maneira, anote como é nossa relação com Deus agora, quer dizer, depois de ter entregado nossas vidas a Cristo.

Como vimos nestes poucos versículos, nossa relação com Deus muda completamente quando somos de Cristo, mas nossas vidas também mudam. Porque como resultado de nossa entrega a Jesus Cristo, possuímos:

B- Uma nova vida

Esta nova vida vem de Deus; é fruto de sua obra em nós. Uma passagem que a descreve é Efésios 2:1-10. Procure estes versículos, e repetimos, leia-os mais de uma vez, e preferentemente em diferentes versões da Bíblia.

8 ~ Crescendo!

3 Estes versículos mencionam várias coisas que Deus fez a nosso favor. Exatamente, quais são?

A passagem explica o que Deus fez, e como resultado possuímos uma nova vida. Por meio dessa obra de Deus somos pessoas realmente diferentes.

4 Explique agora, em suas próprias palavras, as diferenças principais que existem entre a vida anterior, e esta nova vida. Baseie sua resposta nas duas passagens bíblicas que vimos até agora.

Mas esta nova relação com Deus, e a vida nova que Ele nos dá, trazem também novas responsabilidades. Nosso terceiro ponto, então, é que possuímos:

C – Um novo compromisso

Vamos escutar desta vez as palavras do próprio Senhor Jesus Cristo. Procure Lucas 6:46-49.

5 Com base nestes versículos, como você descreve nosso novo compromisso?

Outra conseqüência da relação com Deus que gozamos atualmente, é que somos parte de:

D – Uma nova família

Efésios 2:19 diz que agora somos membros da família de Deus. O evangelho de João nos diz que todas as pessoas do mundo pertencem à família de Satanás; mas com a nova vida, Deus também nos faz seus filhos, e membros de uma nova família. Visto que, este é o tema do estudo 6, não vamos examiná-lo agora.

A quinta coisa nova para nós é que compartilhamos de:

E – Um novo alvo

Este tema temos que desenvolvê-lo também nas lições seguintes. Mas procure Filipenses 3:13,14. Se formos crescer, necessitamos ter a mesma atitude, quer dizer, a de lutar, de eliminar obstáculos, de seguir adiante para que cheguemos a ser o tipo de pessoas que Deus quer que sejamos.

Podemos seguir falando a respeito de coisas novas; nossa relação com Cristo nos abre um novo panorama que se estende para a eternidade.

Agora, uma maneira prática de ilustrar a vida cristã é que ela é como uma roda, como esta ilustração.

6 Note que o eixo é Cristo, e a vida cristã gira ao redor dele.

a) O que pode fazer uma roda sem seu eixo?

b) O que é o que o eixo faz à roda?

7 De tudo o que vimos até agora, o que é o que mais lhe impressiona quanto a esta nova vida em Cristo?

Se você tiver realmente uma nova vida em Cristo, então Deus o chama ao crescimento. As lições que seguem, tratam alguns dos temas chaves e necessários para o crescimento da vida cristã.

2
Comunhão com Deus

A comunhão é uma relação. Temos comunhão com uma pessoa quando possuímos coisas em comum com ela; quando compartilhamos; quando participamos juntos em algo. E a base da comunhão é necessariamente a comunicação.

Nós já temos uma relação com Deus por meio de Jesus Cristo, mas para que tenhamos uma verdadeira comunhão, precisamos passar tempo com ele, conversar, escutá-lo.

1 Na realidade, nossa atitude para com Deus, deveria ser a mesma do autor do Salmo 63.
a) Descreva em suas próprias palavras essa atitude.

b) Como o salmista sentia as conseqüências dessa relação com Deus?

Precisamos separar um tempo todos os dias para ter comunhão com Deus. Se for possível, em um lugar onde não nos distraiamos, e também em um horário cedo em que não haja interrupções. Não deve ser necessariamente um tempo longo...ainda 15 minutos é melhor que nada. Mas sim deve ser uma prática regular. Durante este tempo devemos nos ocupar em duas coisas:

Uma, é a leitura da Bíblia. Nela, Deus nos fala. Ensina-nos a respeito de si mesmo; revela-nos sua vontade para nossas vidas; abre-nos os olhos a nosso próprio caráter; dá-nos forças para enfrentar as necessidades de cada dia.

2 Procure o Salmo 19:7-14. Segundo o salmista, que resultados trará em nossas vidas a leitura da Palavra?

Indicamos duas sugestões práticas:

A – **Leia sistematicamente,** quer dizer, com um plano simples que o leve a toda Bíblia. Recomendamos que utilize o registro de leitura que está ao final deste caderno. Tire-o, para poder levá-lo em sua Bíblia e marcar os capítulos que tem lido.

B – Sugerimos que **comece com o Novo Testamento**. Seu tema é Jesus Cristo, e o que mais necessitamos no início da vida cristã é conhecer ele.

3 Os seguintes versículos nos dão algumas razões. Explique em cada caso por que é necessário que conheçamos primeiro a Jesus Cristo.
a) João 1:18 e 14:7

b) João 17:3

c) Colossenses 2:2-3

d) 2 Pedro 1:3

Recomendamos que inicie sua leitura com um dos evangelhos, preferivelmente Lucas, e depois siga com Atos dos Apóstolos e demais livros do Novo Testamento. Uma vez que tenha lido todo o Novo Testamento, pode seguir um sistema de leitura alternada, quer dizer, lendo um livro do Antigo Testamento, outro do Novo (ou dois, se forem livros curtos), depois do Antigo e assim sucessivamente.

Em **segundo lugar** devemos ocupar nosso tempo com Deus na oração. Em um sentido mais elementar, orar é simplesmente falar com Deus. É lhe abrir nosso coração, lhe expressando gratidão, lhe confiando nossos problemas, lhe pedindo perdão por nossas faltas e pedindo que transforme as pessoas que nos rodeiam. Já que ele sabe tudo o que pensamos, podemos baixar as defesas e ser completamente honestos e abertos com ele.

O Senhor mesmo nos deixou um modelo de oração, no qual se destacam vários aspectos que sempre devemos levar em conta.

Procure Mateus 6:5-15. Esta passagem nos ensina muitas lições importantes a respeito da oração.

4 Em poucas palavras, como devemos aplicar os versículos 5-8?

Nos versículos 9 a 13 o Senhor nos dá um exemplo de como podemos orar. É muito conhecido, e muitos sabem de cor.

5 Note que os primeiros dois versículos (9 e 10) não têm relação conosco e nossas necessidades, a não ser com Deus. O que é o que Jesus realmente pede nestes versículos?

6 Nos versículos 11 a 13 encontramos três pedidos para nós mesmos. Escreva estes três pedidos em suas próprias palavras, quer dizer, sem repetir as palavras da Bíblia.

a)

b)

c)

É importante que aprendamos a procurar e aceitar a vontade de Deus, porque freqüentemente o que pedimos não está de acordo com sua vontade. Felizmente, muitas vezes sua resposta não se ajustará ao que lhe pedimos, a não ser no que será melhor para nós.

16 ~ Cresçendo!

É importante também notar que há coisas que impedem que Deus nos responda. Mateus 6:14 e 15 que já lemos, menciona uma.

7 Segundo as seguintes passagens, que outras coisas podem impedir a resposta de Deus?
a) Provérbios 28:9

b) Tiago 4:3

c) Tiago 1:6-8

d) Salmo 66:18

Escutamos a Deus por meio de sua Palavra; respondemos pela oração. Sugerimos, se é que não o tem feito até agora, que escolha já diante de Deus, um tempo e um horário para seu encontro diário com ele.

8 Com a ajuda de Deus, vou dedicar-lhe _______ minutos por dia. Vou fazer todos os dias às _________ horas. Iniciarei minha leitura de sua Palavra com o livro de: _____________________

Este é um dos passos essenciais no caminho do crescimento. Que o Senhor lhe ajude a dá-lo com firmeza.

3

Ser discípulo de Cristo

Embora nós sempre chamemos de "cristãos" os seguidores de Jesus Cristo, no princípio não era assim. Primeiro os chamavam simplesmente de "discípulos", e logo lhes deram o apelido de "cristãos" (Ver Atos 11:26).

O cristão, o filho de Deus, é primeiro um discípulo. Mas o que é um discípulo?

1   Procure a palavra em um dicionário, e escreva aqui sua própria definição.

Todo discípulo tem um professor e, é obvio, o professor é Jesus Cristo. Ele é um professor muito sábio, muito bondoso, mas também muito exigente. Ele mesmo disse que há um só caminho que podemos seguir para chegar a ser o que Deus quer de nós, mas esse caminho é estreito e difícil de transitar (Mateus 7:13,14).

2   A primeira condição, então, para ser um discípulo se encontra em Mateus 10:37-39. Como você descreveria essa condição?

Vamos ver agora três passagens onde o Senhor Jesus Cristo expressa o que espera de seus discípulos. São, em certo sentido, "provas" do discipulado; ou talvez melhor, "evidências".

3 Procure primeiro João 8: 31 e 32. Com base nestes versículos:
a) Qual é a condição que precisamos cumprir para ser verdadeiros discípulos de Jesus Cristo?

b) Quais serão os resultados do discipulado em nossas vidas?

A segunda passagem é João 13:34,35. Aqui diz simplesmente que se nós, os discípulos, amamo-nos uns aos outros, todo mundo se dará conta de que somos seus discípulos.

4 O que significa isso? Como colocamos em prática?

Jesus disse que devemos amar aos outros discípulos da mesma maneira que ele nos amou e nos ama.

5 Note que também disse que esse era um novo mandamento. É novo para você? É algo que aplicou, ou tem que aprendê-lo?

A última passagem é João 15:8. Convém ler todo o parágrafo, desde o versículo 1.

6 Pensando nesta figura da árvore frutífera, e baseando-se no que Jesus diz em todo o parágrafo, qual será o fruto na vida do discípulo de Jesus Cristo?

Até aqui temos três das condições mínimas que devemos reunir como discípulos de Jesus Cristo: nos manter em sua Palavra, amar a outros discípulos e levar uma vida frutífera. Há várias outras, mas estas são as básicas para começar.

Terminamos com Mateus 28:18 a 20, onde Jesus dá algumas de suas últimas instruções a seus discípulos. Eles, por sua vez, deviam fazer outros discípulos; esta é, realmente, a tarefa principal de todo seguidor de Cristo.

7 O que você deve fazer para estar em condições de ser um "faze-dor de discípulos"?

A essência do discipulado é uma relação com Jesus Cristo, é nos submeter ao seu senhorio. Mas se ele for realmente o Senhor de nossas vidas, todos os aspectos deverão ser submetidos a sua vontade e... cuidado!, nada pode ficar de fora.

4

O batismo e a Ceia do Senhor

O título desta seção resume dois mandamentos do Senhor que sempre tiveram um lugar central na vida da igreja. O primeiro se encontra em Mateus 28:19, onde o Senhor disse a seus discípulos que deviam fazer outros discípulos e batizá-los.

A palavra "batizar" significa simplesmente "submergir", e o batismo em si tem relação direta com a iniciação da vida cristã.

Procure agora Romanos 6:1-4; esta é a passagem que melhor explica o significado do batismo.

1 Com base nestes versículos, que relação tem o batismo com:
a) a morte?

b) o pecado?

2 Se esta passagem fosse a única informação que houvesse a respeito do batismo, que conceito você teria quanto ao propósito do batismo?

Leiamos agora a passagem que descreve o nascimento da igreja, e o primeiro batismo de cristãos: Atos 2:36-41.

3 Com base nestes versículos,
a) quem deve se batizar?

b) quando devem fazê-lo?

O segundo mandamento que sempre teve um lugar preponderante na vida da igreja é o que chamamos de a "Ceia do Senhor". Este nome provém do relato dos evangelhos que descreve a última ceia que o Senhor teve com seus discípulos antes de sua morte. Vejamos a breve descrição dessa ceia que se encontra em 1 Corintios 11:23-26.

24 ~ Cresçendo!

Nesta passagem há duas palavras chaves que devemos observar mais atentamente. A primeira é "corpo".

4 Segundo os dois versículos seguintes, por que é importante o fato de que Jesus tenha tido um corpo humano?
a) 1 Pedro 2:24

b) Colossenses 1:22

A segunda palavra chave é "pacto", ou segundo algumas versões da Bíblia, "aliança". Um pacto é um acordo, um contrato, e mais de uma vez na história Deus fez pactos com os homens. Jesus, com sua morte, tornou possível esse novo pacto.

5 Com base em Hebreus 9:15, que propósito tem este novo pacto de Deus? Ver também Romanos 8.3 e 1 Corintios 3.6.

Então, comemos pão na ceia do Senhor porque representa o corpo de Cristo que foi entregue à morte por nós; bebemos da taça que representa o novo pacto entre Deus e nós com base no sangue de sua morte.

6 Agora, retornando a 1 Corintios 11:23-26, por que devemos participar da Ceia do Senhor? (Há mais de uma resposta)

O batismo é o passo inicial de nossa nova vida em Cristo, e com a Ceia do Senhor, recordamos quem nos deu essa vida; ambas as coisas são necessárias para o discípulo de Jesus Cristo.

Notas

1 - A palavra "pacto" e "aliança" significam essencialmente o mesmo.

5

Os perigos

A vida cristã é a melhor das vidas, mas não a mais fácil. O discípulo sincero encontra perigos e inimigos dispostos a atacá-lo. Alguns estão dentro de nós, outros vêm de fora. É obvio que existiam antes de nossa conversão, mas quase todos nós tínhamos nos acomodado com eles. Mas agora que temos "mudado de grupo", e somos cidadãos do reino de Deus em um mundo em que a maioria o rejeita, a situação muda.

O principal inimigo interno é simplesmente o pecado que ainda tem uma grande influência em nossas vidas. É uma enfermidade que Deus está curando em nós, mas o tratamento é longo.

O que é o pecado? Em seu sentido mais simples, é não cumprir com Marcos 12:30,31. Se estes dois versículos resumirem o que Deus quer de nós, então não cumpri-los é a essência do pecado.

1 Na prática, muitos vivem uma situação como a que descreve Paulo em Romanos 7:14 à 8:4.

a) Descreva, em suas próprias palavras, o problema que Paulo enfrentava.

b) Com você, alguma vez, isto é um pouco parecido? Se for assim, descreva sua experiência

2 Segundo Paulo, qual era a solução para seu problema?

Leiamos agora uma passagem onde outro homem relata uma experiência parecida com a de Paulo. Salmo 32:1-5.

3 Segundo o salmista:
a) Que efeito tinha o pecado em sua vida?

b) O que fez para solucionar o problema?

c) Qual foi o resultado?

O versículo do Novo Testamento que converte a experiência do salmista em uma promessa é 1 João 1:9. O pecado é um inimigo que vai debilitando por dentro, mas a confissão e a promessa de Deus trazem saúde.

Mas também há inimigos que atacam de fora, e o Senhor Jesus em sua última conversa com seus discípulos lhes advertiu a respeito disso. Leiamos uma parte dessa conversa que se encontra em João 15:18-21.

4 Note que esta afirmação de Jesus divide as pessoas em dois tipos de pessoas. Explique a diferença essencial que existe entre elas.

5 Segundo o Senhor, as pessoas do mundo se opõem a nós. Por que?

6 Você já teve esta experiência, ou conhece alguma pessoa que a tenha vivido? Conte o que ocorreu.

Paulo disse que:

De fato, todos os que desejam viver piedosamente em Cristo Jesus serão perse-guidos. (2 Timóteo 3:12)

Em uma ou outra medida, esta tem sido a experiência de todo discípulo de Jesus Cristo.

Mas há um fator que ainda não levamos em conta, e são as palavras de Jesus em João 16:33.

7 Explique como estas palavras são uma solução para os problemas com os inimigos de fora.

8 Há ainda um terceiro inimigo.

a) Procure os seguintes versículos e explique como é: João 14.30; 2 Coríntios 11.14; 1 Pedro 5.8.

b) Segundo estes versículos, o que devemos fazer com relação a este inimigo? Efésios 6.11; Tiago 4.7; Hebreus 2.14-15; Romanos 16.19-20.

A vida cristã nem sempre é fácil, mas Deus nos deu recursos importantes que nos ajudam a sermos vencedores. Um deles é a sua Palavra; outro o Espírito Santo; e um terceiro é a comunidade dos discípulos de Jesus Cristo, tema que vamos aprofundar no próximo estudo.

6

A igreja

O propósito de Deus é que os discípulos de Jesus Cristo se juntem para formar comunidades —Igrejas— onde possam crescer em sua vida espiritual e lhe servir. A palavra "igreja" no Novo Testamento sempre se refere a pessoas, nunca a edifícios. *Somos* parte da igreja de Deus, e ele deseja que aprendamos a ser membros ativos e úteis.

Nesta lição vamos examinar brevemente três descrições da igreja que nos ajudam a entender o que é, e como devemos nos relacionar com ela.

Uma família

Como diz Efésios 2:19, somos da família de Deus, e em vários aspectos a igreja é semelhante a uma família.

Por exemplo:

✔ Há pessoas de diferentes idades "espirituais".

✔ Há pessoas responsáveis, que tomam o lugar dos "pais"

✔ Há, ou pelo menos deve haver, um ambiente de amor, de respeito entre todos.

✔ É o ambiente no qual crescemos.

1 Se compararmos, então, a igreja a uma família, qual deve ser a responsabilidade dos "maiores" para com os "menores"? Tito no capítulo 2:3-5 indica uma possibilidade.

2 Da mesma maneira, qual deve ser a responsabilidade dos "menores" para os "maiores"? 1 Pedro 5.5 indica uma possibilidade.

Deus quer que todos os discípulos de seu Filho vivam assim, em família espiritual, onde possam aprender a amar e servir.

Um corpo

Outra figura que a Bíblia utiliza para descrever à igreja é o corpo humano. Procure, por exemplo, Rm 12:4,5 e Ef 4:15,16.

3 Com base nestes versículos, explique como deve ser a relação entre os discípulos de Cristo.

4 Se a relação entre os membros da igreja deve ser assim, o que você pode fazer, particularmente, para fomentar essa relação?

Note que a cabeça do corpo é Cristo mesmo. A vida da igreja depende completamente dele; é sua igreja.

Um templo

A última figura que vamos considerar é a de uma casa, ou um templo. Desta vez procure Efésios 2:20-22.

5 Com base nestes versículos:
a) Descreva esse templo. Como é?

b) Qual é seu propósito?

A igreja existe para Deus. Sua primeira responsabilidade é para ele. Família de Deus, corpo de Cristo, templo do Espírito Santo, são todas as figuras que enfatizam que a igreja existe para ele, e que sua primeira responsabilidade é lhe adorar e lhe servir.

6 Resumindo: a Bíblia destaca que você necessita da igreja. Por que?

7 De igual maneira, a igreja necessita de você. Por que?

7

A Palavra de vida

O Senhor Jesus disse:

Jesus respondeu: "Está escrito: 'Nem só de pão viverá o homem, mas de toda palavra que procede da boca de Deus'".

(Mateus 4:4)

Necessitamos de sua Palavra para viver. É nosso alimento espiritual, nossa luz e guia. Se Deus nos fala por meio dela, então, conhecê-la tem que ser a tarefa mais urgente de nossa vida.

Como a podemos conhecer? Pois, sugerimos que há pelo menos cinco maneiras em que a Palavra penetra em nossas vidas.

Ouvir

Quer dizer, precisamos assistir regularmente às reuniões da igreja onde se explica a Palavra de Deus. Mas, é obvio, temos que tomar cuidado de como ouvimos. Já vimos em Lucas 6:46-49 que o Senhor destaca isto mesmo.

1 Procure Tiago 1:21-25 e com base nestes versículos, explique como devemos escutar a Palavra.

Já vimos certos aspectos da leitura da Bíblia na lição dois. A Bíblia fala pouco da importância de sua leitura, porque quase ninguém possuía uma parte dela escrita naqueles dias. Eles escutavam a Bíblia lida publicamente. Mas nós temos o privilégio de possuí-la, e poder lê-la todos os dias.

2 Procure agora 1 P 1:22 à 2:3. Segundo esta passagem:
a) A que é comparada à Palavra?

b) Que efeito terá em nossas vidas?

Estudar é dar um passo mais adiante, um passo necessário.

3 Qual é a diferença entre ler e estudar?

4 Procure Provérbios 2:1-5 e explique em suas próprias palavras como se deve estudar.

Não temos espaço agora para examinar os diferentes métodos de estudo, mas acreditamos que um dos aspectos mais importantes é simplesmente perguntar. Devemos nos aproximar da Palavra com perguntas como estas:

O que me ensina esta passagem a respeito:
✔ de Deus Pai, Filho e Espírito?
✔ de mim mesmo?
✔ do povo de Deus?
✔ do mundo que me rodeia?

Memorizar

Tem-se dito que depois de 24 hs, recordamos:
✔ 5% do que ouvimos.
✔ 15% do que vemos.
✔ 35% do que estudamos.

Mas recordamos o 100% do *memorizado*! A memorização requer disciplina e tempo, mas dá seus frutos.

5 Qual é um desses frutos segundo o Salmo 119:9 e 11?

A meditação é um dos aspectos mais importantes entre os que temos considerado, entretanto o colocamos em último lugar.

6 O que é "meditar"? (Se for necessário, procure a palavra em um dicionário).

7 Por que é necessário que cumpramos com os outros passos antes de meditar?

Por último, verifique Filipenses 4:8,9.

8 Que efeitos devem ter estes versículos em sua vida se os puser em prática?

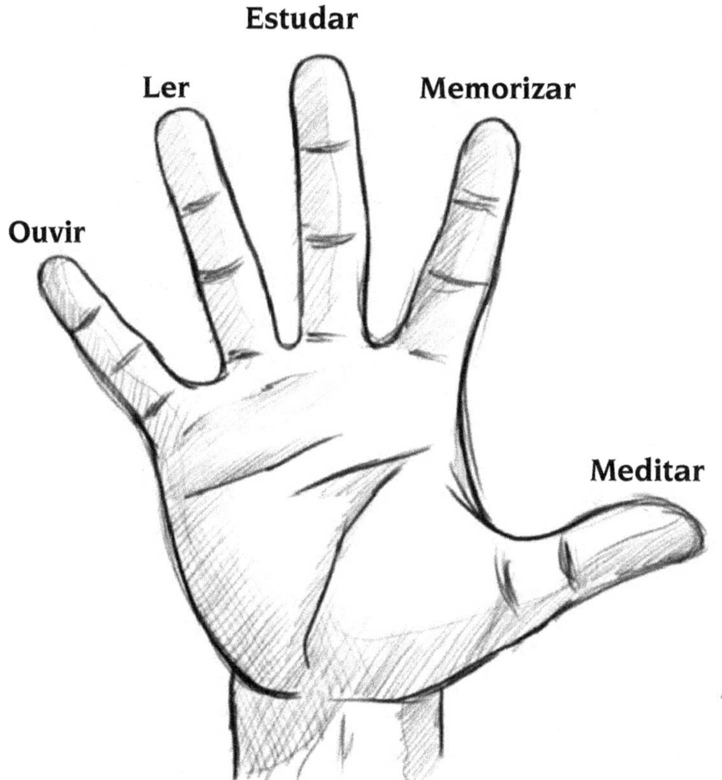

A mão é uma boa ilustração do ensino deste capítulo. Se intentarmos segurar a Bíblia somente com o dedo mínimo, não a pegaremos com força ... alguém a pode tomar com facilidade da nossa mão. Se a segurarmos com o anular, a pegaremos melhor. E assim por diante, quando a seguremos com os cinco dedos, com a mão toda, então a teremos com segurança.

Desta forma a Palavra de Deus chegará a ser nossa.

8

Fazer discípulos

O discípulo de Jesus Cristo é uma pessoa com responsabilidade, que tem tarefas para realizar. A primeira é para com Deus; a outra para com seus irmãos. Mas há outra que não examinamos até agora e é para as pessoas sem Cristo que nos rodeiam.

Qual é essa tarefa? Pois, de maneira simples é a de transformar vidas. Ou melhor dizendo, permitir que Deus transforme vidas por meio de nós.

A Bíblia utiliza várias figuras para descrever esta tarefa. Veremos três exemplos.

1 Explique em suas próprias palavras, qual é nossa tarefa com base em cada uma das seguintes figuras.

a) Luz (Mateus 5:14)

b) Testemunhas (Atos 1:8)

c) Pescadores de homens (Marcos 1:17)

Tal como alguém chegou a nós com a mensagem de Deus, nós devemos chegar a outros com esta mesma mensagem.

2 Mas observe o que dizem os seguintes versículos: Romanos 1:16 e 1 Coríntios 1:18.

a) Há uma palavra importante que Paulo utiliza em ambos os versículos para descrever a mensagem. Qual é essa palavra?

b) De que maneira essa palavra nos ajuda na tarefa que estamos estudando nesta lição?

Se você começou recentemente a vida cristã, tem muitos parentes e amigos que viram ou verão uma mudança em sua vida. Este, mais que qualquer outro momento, é o apropriado para lhes explicar o que ocorreu. Você mesmo é o meio que Deus quer e pode utilizar para que essas pessoas conheçam a Cristo e tenham vida nele.

Qual é a mensagem que lhes devemos comunicar? Sugerimos que contenha um mínimo de três aspectos.

Primeiro: Jesus Cristo é o Senhor.

Pode ser que já saibam, mas é quase certo que não estão vivendo à luz de seu senhorio.

3 Se Jesus Cristo é o Senhor, o que é o que exige de nós? Além dos versículos que vimos em lições anteriores, procure também Mateus 7:21, Romanos 14:7-9 e Filipenses 2:9-11.

Se eles reconhecerem que Jesus Cristo é o Senhor, e não procurarem conhecer sua vontade e obedecer, então ficarão condenados. Recomendamos que memorize Mateus 7:21 para quando for falar com outras pessoas a respeito de Cristo.

Segundo: Jesus Cristo é o Salvador.

4 Quais são as verdades importantes a respeito de Jesus como Salvador, que aprendemos com os seguintes versículos?
a) Atos 4:12

b) 1 Pedro 2:24

c) Romanos 5:9

O problema que encontramos freqüentemente é que há pessoas que pensam e dizem que não necessitam de um Salvador. Acreditam que são suficientemente boas.

5 Como responderia você a uma pessoa assim?

De novo recomendamos que memorize um versículo que lhe pode ajudar a explicar a mensagem a outras pessoas: Atos 4:12.

Terceiro: Eles precisam aceitar a mensagem de Deus.

Aqui sua própria experiência é importante. Você pode dizer: "Eu aceitei a mensagem, e posso confirmar que tudo isto é certo". O que Deus tem feito em sua vida é uma importante prova da veracidade da mensagem.

Uma passagem que fala da resposta que Deus espera a sua mensagem é Romanos 10:9-11.

6 Explique em suas próprias palavras o que significa esta passagem; quer dizer, se tivesse que explicá-la a uma pessoa que não é de Cristo, como o faria?

Recomendamos que pratique a maneira de explicar estes três aspectos mínimos da mensagem. E também, se não ainda, o fez que comece a orar por uma ou mais pessoas em particular, para que Deus lhe dê oportunidades de conversar com elas sobre a mensagem de Deus.

Em uma lição anterior vimos Mateus 28:19 e 20. Aí temos um resumo de nossa tarefa: buscar pessoas, fazer discípulos, batizar e ensinar.

Mas o verdadeiro segredo da tarefa se encontra nas palavras que precedem e seguem a este mandamento.

7 Qual é o segredo?

Que o Senhor o use para transformar vidas, tal como transformou a sua.

Conclusão

Em resumo, o que Deus pede de nós? Que sejamos verdadeiros discípulos de seu Filho, e também fazedores de discípulos.

Esse alvo implica que sigamos crescendo, com raízes na Palavra de Deus, e aprendendo a discernir entre o bem e o mal, entre o que convém e o que não.

É um processo, um processo longo. Ocuparemos toda a vida nele. Mas vale a pena. Não há vida mais gratificante que a de ser um discípulo de Jesus Cristo.

E que quando chegarmos ao final da carreira, que possamos afirmar com Paulo:

Combati o bom combate, terminei a corrida, guardei a fé. Agora me está reservada a coroa da justiça, que o Senhor, justo Juiz, me dará naquele dia, e não somente a mim, mas também a todos os que amam a sua vinda.

(2 Timóteo 4:7-8)

NOVO TESTAMENTO

	1	2	3	4	5	6	7	8	9	10	11	12	13	14	15	16
Mateus	1	2	3	4	5	6	7	8	9	10	11	12	13	14	15	16
	17	18	19	20	21	22	23	24	25	26	27	28				
Marcos	1	2	3	4	5	6	7	8	9	10	11	12	13	14	15	16
Lucas	1	2	3	4	5	6	7	8	9	10	11	12	13	14	15	16
	17	18	19	20	21	22	23	24								
João	1	2	3	4	5	6	7	8	9	10	11	12	13	14	15	16
	17	18	19	20	21											
Atos	1	2	3	4	5	6	7	8	9	10	11	12	13	14	15	16
	17	18	19	20	21	22	23	24	25	26	27	28				
Romanos	1	2	3	4	5	6	7	8	9	10	11	12	13	14	15	16
I Coríntios	1	2	3	4	5	6	7	8	9	10	11	12	13	14	15	16
II Coríntios	1	2	3	4	5	6	7	8	9	10	11	12	13			
Gálatas	1	2	3	4	5	6										
Efésios	1	2	3	4	5	6										
Filipenses	1	2	3	4												
Colossenses	1	2	3	4												
I Tessalonicenses	1	2	3	4	5											
II Tessalonicenses	1	2	3													
I Timóteo	1	2	3	4	5	6										
II Timóteo	1	2	3	4												
Tito	1	2	3													
Filemom	1															
Hebreus	1	2	3	4	5	6	7	8	9	10	11	12	13			
Tiago	1	2	3	4	5											
I Pedro	1	2	3	4	5											
II Pedro	1	2	3													
I João	1	2	3	4	5											
II João	1															
III João	1															
Judas	1															
Apocalipse	1	2	3	4	5	6	7	8	9	10	11	12	13	14	15	16
	17	18	19	20	21	22										

Plano de leitura.

Aconselhamos que leia a Bíblia:

- Sistematicamente: usando um plano de leitura que abranja toda a Bíblia.
- Meditando: pensando no que leu.
- Orando: pedindo ajuda ao Autor da Bíblia.

Se desejar mais exemplares deste Plano de Leitura, pode escrever-nos para:

Ediciones Crecimiento Cristiano
5903 Villa Nueva, Cba.
Argentina

www.edicionescc.com
oficina@edicionescc.com

VELHO TESTAMENTO

Gênesis	1	2	3	4	5	6	7	8	9	10	11	12	13	14	15	16
	17	18	19	20	21	22	23	24	25	26	27	28	29	30	31	32
	33	34	35	36	37	38	39	40	41	42	43	44	45	46	47	48
	49	50														
Êxodo	1	2	3	4	5	6	7	8	9	10	11	12	13	14	15	16
	17	18	19	20	21	22	23	24	25	26	27	28	29	30	31	32
	33	34	35	36	37	38	39	40								
Levítico	1	2	3	4	5	6	7	8	9	10	11	12	13	14	15	16
	17	18	19	20	21	22	23	24	25	26	27					
Números	1	2	3	4	5	6	7	8	9	10	11	12	13	14	15	16
	17	18	19	20	21	22	23	24	25	26	27	28	29	30	31	32
	33	34	35	36												
Deuteronômio	1	2	3	4	5	6	7	8	9	10	11	12	13	14	15	16
	17	18	19	20	21	22	23	24	25	26	27	28	29	30	31	32
	33	34														
Josué	1	2	3	4	5	6	7	8	9	10	11	12	13	14	15	16
	17	18	19	20	21	22	23	24								
Juízes	1	2	3	4	5	6	7	8	9	10	11	12	13	14	15	16
	17	18	19	20	21											
Rute	1	2	3	4												
I Samuel	1	2	3	4	5	6	7	8	9	10	11	12	13	14	15	16
	17	18	19	20	21	22	23	24	25	26	27	28	29	30	31	
II Samuel	1	2	3	4	5	6	7	8	9	10	11	12	13	14	15	16
	17	18	19	20	21	22	23	24								
I Reis	1	2	3	4	5	6	7	8	9	10	11	12	13	14	15	16
	17	18	19	20	21	22										
II Reis	1	2	3	4	5	6	7	8	9	10	11	12	13	14	15	16
	17	18	19	20	21	22	23	24	25							
I Crónicas	1	2	3	4	5	6	7	8	9	10	11	12	13	14	15	16
	17	18	19	20	21	22	23	24	25	26	27	28	29			
II Crónicas	1	2	3	4	5	6	7	8	9	10	11	12	13	14	15	16
	17	18	19	20	21	22	23	24	25	26	27	28	29	30	31	32
	33	34	35	36												
Esdras	1	2	3	4	5	6	7	8	9	10						
Neemias	1	2	3	4	5	6	7	8	9	10	11	12	13			
Ester	1	2	3	4	5	6	7	8	9	10						
Jó	1	2	3	4	5	6	7	8	9	10	11	12	13	14	15	16
	17	18	19	20	21	22	23	24	25	26	27	28	29	30	31	32
	33	34	35	36	37	38	39	40	41	42						

Salmos	1	2	3	4	5	6	7	8	9	10	11	12	13	14	15	16
	17	18	19	20	21	22	23	24	25	26	27	28	29	30	31	32
	33	34	35	36	37	38	39	40	41	42	43	44	45	46	47	48
	49	50	51	52	53	54	55	56	57	58	59	60	61	62	63	64
	65	66	67	68	69	70	71	72	73	74	75	76	77	78	79	80
	81	82	83	84	85	86	87	88	89	90	91	92	93	94	95	96
	97	98	99	100	101	102	103	104	105	106	107	108	109	110	111	112
	113	114	115	116	117	118	119	120	121	122	123	124	125	126	127	128
	129	130	131	132	133	134	135	136	137	138	139	140	141	142	143	144
	145	146	147	148	149	150										
Provérbios	1	2	3	4	5	6	7	8	9	10	11	12	13	14	15	16
	17	18	19	20	21	22	23	24	25	26	27	28	29	30	31	
Eclesiastes	1	2	3	4	5	6	7	8	9	10	11	12				
Cânticos	1	2	3	4	5	6	7	8								
Isaías	1	2	3	4	5	6	7	8	9	10	11	12	13	14	15	16
	17	18	19	20	21	22	23	24	25	26	27	28	29	30	31	32
	33	34	35	36	37	38	39	40	41	42	43	44	45	46	47	48
	49	50	51	52	53	54	55	56	57	58	59	60	61	62	63	64
	65	66														
Jeremias	1	2	3	4	5	6	7	8	9	10	11	12	13	14	15	16
	17	18	19	20	21	22	23	24	25	26	27	28	29	30	31	32
	33	34	35	36	37	38	39	40	41	42	43	44	45	46	47	48
	49	50	51	52												
Lamentações	1	2	3	4	5											
Ezequiel	1	2	3	4	5	6	7	8	9	10	11	12	13	14	15	16
	17	18	19	20	21	22	23	24	25	26	27	28	29	30	31	32
	33	34	35	36	37	38	39	40	41	42	43	44	45	46	47	48
Daniel	1	2	3	4	5	6	7	8	9	10	11	12				
Oseias	1	2	3	4	5	6	7	8	9	10	11	12	13	14		
Joel	1	2	3													
Amós	1	2	3	4	5	6	7	8	9							
Obadias	1															
Jonas	1	2	3	4												
Miqueias	1	2	3	4	5	6	7									
Naum	1	2	3													
Habacuque	1	2	3													
Sofonias	1	2	3													
Ageu	1	2														
Zacarias	1	2	3	4	5	6	7	8	9	10	11	12	13	14		
Malaquias	1	2	3	4